和成長有很大影響。我們看敦煌留下來的文物，各式各樣的書都有，文化、藝術、音樂、科學……佛教涵蓋的層面是很廣泛的；生活可以改善，人的精神可以提升和淨化，這才是寺廟的功能。

然而現在我們想到的佛教就是拜拜、打坐，其實那只是一小部分而已。一個出家人如果除了佛經，其他領域的學問都不懂，應該會很慚愧，學養不夠，可以弘的法也有限。以前的修道人不是這樣子的，他對生命有熱忱，想探索生命的實相，所以會從各個層面去了解，而探索到最根本的本質，那就是佛法。

我們希望可以在菩薩寺重新詮釋「佛教是什麼」。菩薩寺有很多藝術品，就是在創造對話的途徑，佛法或許深奧不容易理解，但每個人都能欣賞藝術。藝術本來就是生活中的感動，觀賞者透過內心的眼睛，看到世間不同的美，藉此，佛法也能以一般人理解的語言傳遞出去。

因此菩薩寺整個空間裡面有很多我們要表達的精神——簡單、質樸、自然；沒有太多裝飾，因為那不是佛教的本質。可能你會看到不是那麼圓滿，譬如牆面有坑洞，那也是自然、簡單的表現。佛說「要真實地面對自己」，這種直接就是一種真實的看待，不要想去遮掩它。

「用自然的元素，創造一個友善環境的空間」，佛教徒應該如此傳達這樣的概念。我們要先去做，成為學習的榜樣。為什麼以前佛教會被重視，因為它可以改變環境、改變社會，提升眾人。在菩薩寺，建築物是其次，人才是最重要的，人是空間裡面最重要的根本，他是弘法者，是啟動者。

希望每個人來到這個空間，都能學習如何豐富自己的生命，透過自覺來探索，甚至提升、進步。佛法說人人都有佛性，都有自覺的能力，透過這樣一個空間的引領，讓我們去履行，希望大家豐富自己之後，可以在生活中去做更大的分享。

序

一起回家吧

葉本殊

大約在初夏，走進菩薩寺隨時都會聽到雛鳥細脆的叫聲，因為光是一棵老櫸榆就築了四個鳥巢，還有梅樹上和更多藏在藤蔓中的小窩。有一年不經意地抬頭，竟然看到斑鳩的尾巴長長露在築得太小的鳥巢外。

站在二樓的大殿，透過玻璃牆可以看到佛像背後的老樹，總是安靜地在每一天演繹一場生命的盛會。母鳥銜著草來回往返，築巢，生了蛋，啁啾聲中餵食，羽翅豐滿學飛，巢空了，然後在一次的風雨中掉落地……再一次回到最初，似乎什麼都沒發生。

佛正在為我們上這堂課，在菩薩寺。

來，也不是真實的來。

去，也不是真實的去。

這就是慧光師父建寺的初心，希望用一個簡約、質樸的環境，來讓大家看到生命的自然和豐富。

菩薩寺——很小；用眼睛，看不到生命的廣大。菩薩寺——很大；用心，就到家了，像一小滴水回到大海的喜悅。

一起回家吧！

但是——

是否，不要那麼匆忙。

是否，不要只是不停拍照。

是否，願意讓狂心歇下。

是否，允許發呆一下。

是否，開始跟自己和好。

然後，你笑了！

再一次認出自己本來面目。

朝一座生命的山，希望你會用得上。

感謝惠貞的編寫，還有花了很多時間騰打的德誼。這一對我很喜歡的母女，一直很光明地呈現和分享這個時代的幸福方式——不是要很多，而是更珍惜。德誼在整理文字時學到的佛法，偶爾說出一句，總是可以讓人忽然地頓一下。

最初殷切請惠貞編寫這本書，是來自我們共同的願望，希望可以幫助來菩薩寺的人，從生活，到生命。從此岸，到彼岸。現在，惠貞果然造了這座橋。

感謝霧室的禹瑞和瑞怡，為了讓大家拿著這本書就像是回到菩薩寺，他們經過自己數次在菩薩寺的體驗，鉅細靡遺地在每個設計的細節注入了心意。

為什麼封面紙要藏種子？為什麼從一片光影開始？生命的確沒有答案，但有很多很多的感動。很想說，這個設計你們得獎了。

感謝一直為菩薩寺留下紀錄的慶隆，還有參與詮釋當代伽藍的偉民。感謝我的老朋友邱秉恆老師，他的每一筆每一劃，都是令我深深敬重的力量。

最後，至誠頂禮我的阿闍梨 慧光師父。

菩薩道，難忍、難行。師父始終堅持挑難的做。菩薩寺的人力、財力都不充足，但憑弘法願力師父耗時八年三次掩關，重新校勘並倡印六百卷的大般若經。更難的是在尼泊爾的辦學。發心於僧伽教育，是師父出家的本願，菩薩沙彌學院的每一步都是艱辛的道路，不斷再淬煉菩薩的初心。

無論多難，師父說，佛法這麼好，我們一定要傳承下去。

一直沒忘記，十五年前站在當時還沒有牆壁的大殿工地，師父一次又一次的高聲唱誦「摩訶般若波羅蜜多」……那時我看到了一個菩薩的眼淚。

是的！但願眾生得離苦，不為自己求安樂。

讓我們一起回家吧！

轉身

有一天，你走到一個地方，在城市喧囂中，偶然遇見一處綠蔭，老梅樹下一顆平坦的大石頭，向你提出了溫柔的邀請。

你坐下了，感覺心安。就好像我們是生命的旅行者，然後你累了，想要歇一下。你看著路上來來往往的行人、車輛，那些我們熟悉的景象，人生旅途中不曾稍歇的匆忙和追趕；可是你隱隱知道，人生應該不是只有這樣，有更多可能是我們一直忽略的，那正是內心不安的原因。

此時你轉過身，看到身後的水牆，透過水，看到裡頭的另一個空間，看到更美的風景。

佛門所說的「迴向」，不只是祝福，終極的迴向是「由迷向悟」。這件事只要我們願意就可以做到，但我們通常不願意，因為我們有很多恐懼，害怕進入自己沒辦法掌握的互動裡，不論是跟環境的互動、跟人的互動、或跟自己的互動。

於是我們一直執著於我們認定的，很多的苦由此而生。其實只要願意稍微放下一點點，給自己一個機會去探索，鬆綁一下我們緊抓著不放的東西，你一回頭就會看到，生命中新的可能。

坐在石頭上往外看，是紅塵，往內看，是清明。我們過去從小到大所有的學習，都只在生活的部分，鮮少碰觸到精神、生命的部分，這也是找不到答案的原因。

因為真正的答案是在生命，而不是生活。如果我們想要「安」「心」，應該要往更內在去追求。

慢下來，停一下，轉身。

這顆大石頭就是一個歇息的起點，歡迎每個人走進來，去找自己的答案。

行一切善法

生命的實相

菩薩寺有好幾棵大樹，它們是每一個人的陪伴。

佛的出生就是在無憂樹[※1]下，修道後在菩提樹[※2]下覺悟成就。佛有了生命圓滿的體悟，開始行腳到各地去，也常常選擇在樹下和世人談他對生命的了解，最後在娑羅雙樹下涅槃。

佛的一生都離不開樹，樹也是我們一生的隱喻。

這也是為何菩薩寺的樹都不是常綠樹，而是會有四季變化的落葉樹。這些樹經歷春夏秋冬不同時節帶來的滋養和變化，有時落葉，有時開花，說的正是生命的實相——生命有榮有枯。當你沮喪時，或許可以想到樹也有落葉光禿禿的時節，但它也有繁花盛開的時候。它提醒每一個人，你必須要面對你的滄桑，面對你的繁榮，然後才會長大，去到成熟。

門口的老梅樹，夏天時給行人蔭涼，秋天時落葉、結花苞，到了冬天會突然一夕之間開滿白花。不同時節吸引不同的人來進行各種活動，有時郵差也會停下來。老梅樹就像是菩薩，接應所有的人。

一般來說城市裡很少有長得這麼大的梅樹，因為給予的條件不夠。但這棵梅樹旁邊有水，溫度得到了調節。它提醒我們，你是不是一直有給自己利於成長的養分？樹也在為我們示範，一個菩薩如何成為開枝散葉的

※1　無憂樹在印度又稱阿育王樹，阿育（Aśoka）意即「無憂」。

※2　菩提樹原本叫畢波羅樹，菩提是「覺悟」的意思。

林蔭；有花，人家聞到香味就會靠近，有果實，會吸引其他生物過來。意思是，當你的生命是豐盛的時候，你才有分享的因緣。

一樓深處的老榔榆是另一位老朋友，它的枝葉襯著二樓佛像的背後，就像佛在林間說法。佛的背後不是水泥牆，而是透著光的大自然，你可以看到外在的變化，卻不會受到擾動。佛法的學習就是在幫你建立這樣的安穩，當你內在有佛法的時候，不論外在風雨多大，你都無所畏懼。

洗心

當你坐在石頭上轉身向後看的時候，會看到一面水牆，水牆上開了一個洞，洞裡坐著一尊小佛。當你一回頭看到佛像，內心是否湧現喜悅，得到親近的能量？

一般佛像的手不會這麼大，然而菩薩寺的立意是以探索生命的途徑來和所有人對話，而不是以傳統佛像來作為宗教上的勸誡，因此選擇藝術家許志強的作品，許志強特別強調手的力量。佛門裡有一句話，「信心如手」，信心就像一隻手可以讓你拿到寶藏。

佛像在告訴我們，那就是你自己內在小佛，他無時無刻都在陪伴我們，但我們忘了，一直向外追求。

那麼向內的起點是什麼呢？佛教中四月八日是浴佛節，佛的誕生日，然而菩薩寺希望每天都是浴佛節，浴佛就是洗你的心，佛就是心。水牆每隔固定時間會有水流，水一啟動，內心就被洗滌。浴佛是要提醒你，每天都要內省，去跟自己內在那尊佛對話，去看見自己內在的寶藏。

這尊小佛左手是接引的手印，右手是施無畏印——不要因為我執而讓別人不敢靠近。不讓別人感到壓力或畏懼自己，就是一種慈悲。佛門裡面，水也代表慈悲，當你愈來愈慈悲，就愈來愈能靠近心中的佛。

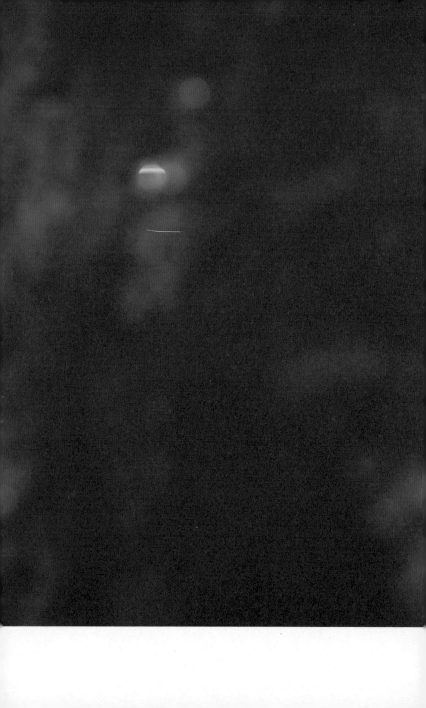

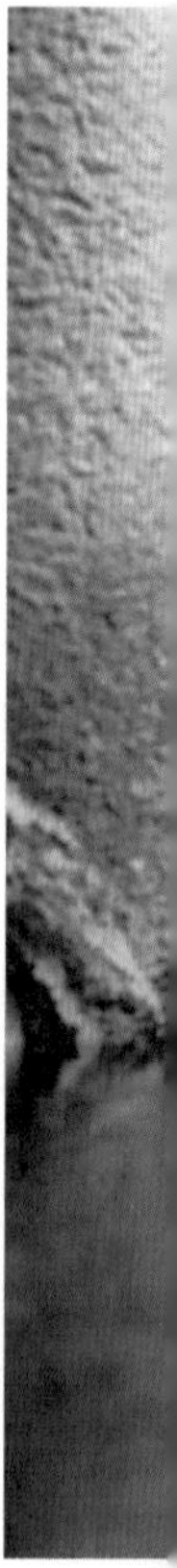

如是如是

你是否注意到了，水牆不是封閉的，它的下方留了一個空間，透過這個通透的空間，你可以看到裡面有另一個世界。

往外看，看到的是紅塵，往內看，你會看到佛像、蓮花；水牆阻隔了世間來來往往的聲音，卻不完全封閉自己；它既是分界，也是連結。水牆區分了此岸（煩惱）彼岸（清淨），也同時呈現了「有」和「空」。

相對於「生命」的探索，我們一直在「生活」的這一端，可是內在其實是有一些不安的，因為你不斷在追求各種人事物，追求當中有苦，得到之後失去，又是一個更大的苦。所以我們一直都在找答案，答案到底在哪裡？

如果你蹲下來，透過水牆下方的空間你會看到水池邊的佛像，你的心夠安靜的話，還可以看到倒影，虛跟實，有兩尊佛像。

在佛教裡面，佛所透徹的真理，就是他知道這世間所有的現象都是「相有體無」，表相是有的，卻沒有實體性，因為會變化。意思是，世間一切的存在，雖然你覺知得到，但是不可能長期地擁有它，它是虛的。所謂的虛是指不真實，它沒辦法單一永恆地存在，而是需要各種因緣和合而成；既然是各種因緣和合而成，只要其中一個條件被抽離，它就變化了。

如果我們希望自己的生命得到自由跟解脫，必須知道這世間一切的存在、一切的現象，都不是真實的。要學習「中觀」——「生起」不是真的生起，「滅去」也不是真的滅去。那我們在這當中能做什麼呢？我們就在這當中好好珍惜因緣，好好地去運用它，然後你知道你會繼續往前走，它也會繼續往前走，一切都會改變。

一切皆空，「空」不是沒有，不是，相反地它是在告訴你，你所擁有的都會變化，所以更應該珍惜你眼前擁有的，一旦它發生變化的時候，你要記得放下。

《金剛經》裡面講「一切有為法，如夢幻泡影」，你眼前所經歷的一切就像作夢一樣，在夢裡這麼真實，可是醒來什麼都沒有；如幻，就像街頭魔術師，布一蓋一隻鳥就出來了，但你知道那不是真的。我們一切的存在也是這樣，這個因加上那個緣就呈現那個果，都是變化出來的。然後如泡，像水泡一下就破了；影子也是，必須要有一個主體，才會呈現「影」，所以都不是真實永恆的。

我們的一生其實就像一剎那那麼短暫，但是我們身處其中，很難看到它迅速的生起跟滅去。活了幾十年覺得很長，可是你從整個宇宙觀來看，就是這樣而已。「如露亦如電」，就像早晨的露水，太陽一出來就消失了，電也是，一閃就沒了，這都是在談生命的短暫無常。

生命的實相就是如此。你只要知道這個實相，你是沒有恐懼的，因為你知道本來就是這樣。佛門裡說「如是如是」，意思是「就是這樣就是這樣」。遇到任何事，告訴自己「就是這樣啊」，你的心就先被安慰到了，一切都不是永恆的，如是如是。

望著池水，我們提醒自己，讓自己保持清澈。清澈的話，可以看得很遠，心平靜了，什麼都可以映現出來。水也代表清涼，它會創造循環，代表一種「活」。

水和佛像告訴我們，不要落入任何一邊；虛跟實，才是完整的生命。「生活」是上面那尊佛像，「生命」是倒影，當我們真正能欣賞倒影的時候，生命就是圓滿的。

虛實之間，你就完整了自己。

讓

你聽過「籬笆哲學」嗎？意思是「圍起來的都是我的」，盡其可能把空間擴增出去，寧可佔便宜，也不吃虧。

但是，圍起來的人沒有想過，其實他得到的，也就這麼多。表面上看起來是得到，實際上是失去。那圍籬以外更大的世界，都不會進來。

菩薩寺想傳達另一種思惟，就是「讓」。「讓」的精神體現在建築語彙中，不僅讓出騎樓，還讓出進去的部分。你讓你就得到了，或用另一種說法，你分享了就會得到更多。

別人笑我們是傻瓜，但是讓的結果我們就得到風，得到鳥來築巢，得到花香，得到落葉的美。得到四季不同的景觀，得到豐盛的生命，得到對無常的體認。

一般人可能利用這個空間去進行更大的使用，我們也在使用，只是我們是一種精神性的使用，就像是一個邀請，路人從這裡經過，他會逗留，停一下，因為我們允許，讓出了空間。

這也是佛法的精神——給，布施，慈悲，而不是佔有。

菩薩寺

意外風景

水牆頂端有一個溝槽，原本的期待是在上面鋪一層土，然後小鳥的糞便就會帶來種子，上面就會長出很多植物。然而這件事沒有發生，卻發生在牆面。

牆面這一片綠並不是原先的設計，本來只是水泥，然而因為沒有用任何裝修材去處理，保留它原始的樣子，所以灰塵、孢子、蕨類都可以附著，然後因為有水，漸漸形成一片生命的風景。

在菩薩寺的設計裡，水是很重要的元素，當你走進來的時候，水聲可以隔絕外面的吵雜，從佛法上來講，我們也要不斷用水來洗滌我們的心靈，把煩惱洗去。結果因為這樣，生命就開始來了。最初來的是灰塵——灰塵要來有個條件，就是它必須夠粗糙，粗糙的意思是要允許這個灰塵留在你身上，如果太有潔癖，什麼都留不住。不光滑才可能發生一切。然後再加上水，就慢慢累積了厚厚的一層滋養，開始長出植物。

這面牆也跟我們的生命一樣，只要你願意讓一些東西停留在身上，就會有意外的禮物。

生命其實會有很多意外的風景，最初你以為沒有，其實你有，只要願意給它機會，你就會有。但是我們通常不知道怎麼給，想要掌控，於是用世間教我們的，就像我們對成功的定義，以為有錢、有地位就是成功，以為擁有很多物質的東西就是富有，然而當你以外在定義的成功去建立自己的形象，卻發現內心還是得不到安穩。放下執著，真實地面對原本的樣子，很多你生命裡本來有的東西就會呈現出來。

等待需要時間，不要急著把過程塗抹掉，有一天，
它會成為新生命的養分。你願意的話，什麼都會有。

允許

佛說，「要真實地面對自己。」真實就是自然、不刻意、不遮掩。

當你走進菩薩寺，仔細看，水泥牆面其實有許多瑕疵，有根柱子外側還有水管露出。當初建築團隊半畝塘想要拆掉重做，慧光法師卻決定讓它原樣保留下來。法師說，你怎麼面對一個失敗？你先接受它然後改善它，就會變成一根很有力量的柱子。空間是活的，隨著時間變化，它會演繹出新的可能。

意思是，允許生命通過。只要認知到它是一個錯誤，它就不是錯誤了。我們會怕，因為它是扣分，我們就是在這種恐懼下長大的，沒有真正從錯誤中得到啟發。

不試著掩藏什麼，就讓它存在，你會得到提醒，也會得到意外的收穫。這是生命的過程。生命的過程本來就不是完滿的，差別在於我們允不允許它存在，如果你允許了，它就會有意義。就像旅行，有時候走錯路反而看到另一片天地。甚至，正是因為有缺陷，才感覺完美，因為我們會從中得到學習、成長，它會豐富我們的探索，驚喜會從中誕生。

菩薩寺是半畝塘二〇〇五年的作品，雖然當時有些工法還不純熟，但那些瑕疵反而更如實地反映了生命的本質，體現了佛法的教導。現在的半畝塘經驗成熟，要回到不經意創作出來的美，也難以做到了。因此這是最珍貴的，你接受它，它就會成為你的，任何人都無法複

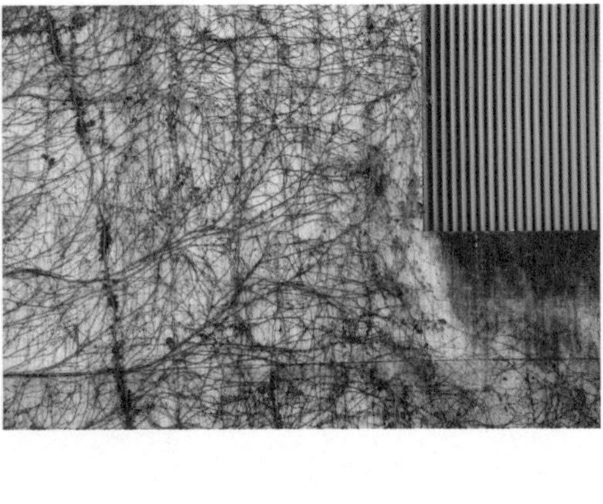

製。許多人好奇為什麼這裡的爬牆虎特別好看，原因只是因為牆面並非光滑平整，它才抓得住，原先你以為是缺陷的，因為你接受了，它就變成有價值。

京都知恩院有七大奇蹟，其中一把「忘記傘」，據說是一六三九年御影堂重建時建築工人忘了取下，也有傳說是刻意放在屋簷下的吉祥物（保護寺院免於火災）。不論真相如何，這把傘在樑上已有近四百年歷史，無論任何原因它存在那裡，就讓它保持下去。那是一個過程，而我們不迴避去注視它。

這也在說我們如何看待失敗，或許當初確實是失敗，然而經過一段時間之後，原來所認定的失敗（沒做好的部分），其實都要重新定義了，因為那只是當時的觀點。

當我們在面對生命中很多不圓滿的時候，是不是也可以試著先通過，不要去計較，不要停留在懊悔裡。

允許經過，去長出新的生命。

菩薩寺

謙卑

菩薩寺的門設計得很小，是有道理的。要回到內在，認識自己的生命，這件事必須要謙卑。生命就是一個真理，面對真理，我們都應該謙卑。第一次來的人，可能不太有勇氣推門進入；一般佛寺大門是敞開的，我們卻讓它半掩。目的是希望來的人可以自己抉擇，小小的門代表著特別的因緣，同時也代表你的勇氣，願不願意為自己去推開一扇門，然後往更深的地方走去。

一進門馬上有一棵老黃櫨橫在面前，這也是特別挑選的，樹種得很低，你必須低下頭來。有些人不耐煩就用力推開，把枝條弄斷，也有人真的會低下頭，小心翼翼地通過。因此你會看到，現在進來的人，他的心理狀態在哪裡。這是一個從生活到生命的起點。

在我們熟悉的生活這塊，我們習慣了用五感去覺知所有事物，然而這樣的認識非常表面——放一張紙在眼前，就什麼也看不到；把耳朵蓋住，就聽不見了。用五感來認識這個世間，能夠看透的其實是非常少的。

進門前抬頭望，看到「菩薩寺」三個字，菩薩想要成為一個醒過來的人，同時也想幫助每一個人都醒過來，當你開始願意從這扇門走進去，就已經在朝這件事前進。

覺醒的第一件事是謙卑。當我們愈謙卑，我們的生命才會愈廣大。

化煩惱為菩提

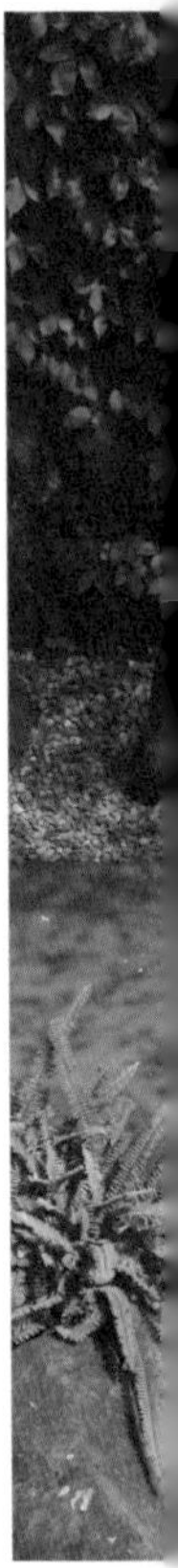

當我們要從生活面進入生命的思索時，需要轉換，認識自己的心。

坐在梅樹下時，雖然看到的是很清淨的景，但還是聽得到紅塵中的喧鬧，還是會被過去的煩惱干擾。然而當你願意為自己開啟另一扇門，心的探索就開始了。推開山門進去，進入一條小徑，這條小徑其實是一座橋，在建築學中稱為散步道，是轉換空間的散步過道，以佛門的說法，是從煩惱的此岸到清淨的彼岸。

慢下來，心情得到轉換，內在渴望親近生命的願望會帶著你往前走。你會開始思索，問自己很多問題，人生到底要往哪裡去。世間的紛擾就像是污泥，但你看蓮花池裡潔淨的蓮花，污泥也是它的養分，我們如何將煩惱變成智慧，就好像怎麼用這些污泥去滋養自己開出一朵花。

「佛法在世間，不離世間覺；離世覓菩提，猶如求兔角。」佛門說每個人都是菩薩，菩薩為了豐富自己、分享自己，必須要有很多經歷；你必須先了解世間種種歡喜和苦難，從這些歷練中得到智慧，才有辦法分享自己。「知苦，才能離苦」，有歷練，才可以幫助別人。不在世間磨練而想得到覺悟，就像是想從兔子頭上找到犄角。

化煩惱為菩提，指的就是這樣的修行。你有沒有辦法把世間的糾結困擾都變成覺悟的養分，從煩惱當中開出一朵花，去得到心的強大。

菩薩身上都有瓔珞，配戴很多珠寶，它其實不是在講一種美麗、漂亮，他每通過一個苦難、承擔一種苦難，就多了一顆珠寶，慢慢變成內在的莊嚴。這個勛章不是突然掛上去就有的，勛章是由內在，你做了一件關於生命的事，然後有了那個勛章，在菩薩身上就叫瓔珞——莊嚴的東西，美麗的心。

真正美麗的瓔珞是無形的，

所以佛的身上都沒有。佛是連瓔珞都不必存在了，他已經回到「如是」。菩薩因為還在過程當中，他是靠近眾生的人，必須要用「有相」的東西去跟人互動。可是到佛的階段，他已經完全是精神面了。

真正的純粹——你全身都是寶，你的呈現就是寶，不需要再佩戴什麼。

照顧脚下

照顧腳下

「照顧腳下」是禪門參的話頭，佛寺門前經常可見寫著這四個字的木牌。意思是要看顧內心，而不是外求。

我們的心並不是每一刻都是覺知的，除非意識到一失足即有失去生命的危險，否則我們對腳下的世界通常並不留心。眼前太多誘惑或追求，腳往前走，心卻不在當下，因而一不小心就踢到或踩到、甚至跌倒。

「照顧腳下」提醒我們留心每一步的提起和放下，把心思放在腳下（現在），而不是活得虛妄，遺憾過去，憂慮未來。

照顧腳下也是照顧你的心。真正要回到生命的開端就是你要完全的醒過來，這也是學習佛法最重要的一件事——問自己「你醒了嗎？」我們通常都是身體的甦醒，有時候甚至身體也沒有完全甦醒，然而真正的清醒是指身和心。如果每一顆心都被照顧得綿綿密密，就不會造苦或惡的因。

用心走路，每一步都是安穩的。

真理的道途

世間經常把佛當作偶像來崇拜，相信佛會告訴我們怎麼做，佛說的話就是真理。然而佛從來沒有說你們要信我說的話；佛是真理的發現者，不是真理的創造者。

佛所發現的真理可以三個法印來做印證，第一個法印是「諸行無常印」，意即世間一切都是無常的；第二個法印是「諸法無我印」，法是一切的存在，我是指真實，意思是所有存在都是不真實的，因為它需要各種因緣和合而成；第三個法印是「涅槃寂靜印」，當你懂了前述兩件事，知道這世間是無常的、無我的，就會得到涅槃寂靜，沒有煩惱。所以真正的三法印其實只有一法印，也就是「諸法實相」——那是世間一切存在的本來面目。

簡單來說，法印就是用來印證我們是否走在正確的道路上，現在的所作所為所思所想是不是符合真理。

門口和山門裡橋上的腳印，是慧光法師的腳印，代表以法印進行對真理的追尋。當你要開始探索你的生命的時候，以法來引導，才不會自己去創造一個可能會帶你到更痛苦的地方。法印代表一種認可，好像印章一樣跟你保證，依循這個道路走就不會錯，這是在學習面對自己的生命時用來引導你的，往前進的一種提醒。

我們要探索生命就要依著真理的腳步走，如果學了佛還很煩惱，那你肯定不在路上。

內在的旅程

到這裡，你是不是已經漸漸明瞭，此刻你所踏上的，不是信仰和教條的路，而是內在生命的旅程。

一般的佛寺，走進山門都會看到肚子大大的彌勒佛，但是在菩薩寺，迎面而來的卻是坐在洞窟的彌勒菩薩半跏思惟像※。因為探索生命必須要經常做哲學性的思考，如佛的本意，要不斷地問自己問題，透過自己的思惟去驗證，因此思惟狀態的彌勒菩薩更接近這趟旅程的本質。

彌勒菩薩有一部論著叫《瑜伽師地論》，相當於佛教的心理學，它談到我們有很多煩惱是在不經意中造成的，所以要常常去了解心的狀態、心的樣子。不是外求的信仰而是內在的探索，因而所有的成就都要靠自己，從你的覺醒開始，走到洞窟裡的彌勒菩薩面前，他是在提醒我們經常要回到內在。

細看這尊彌勒菩薩，還可以觀察它在藝術上的美。這尊菩薩是在尼泊爾製作的，尼泊爾的工匠在十三世紀的時候技術已經非常純熟，宋朝有很多傑出的鎏金佛像現在被大英博物館收藏，都是由尼泊爾的工匠所製作。但重點還是在於思惟，當我們遇到任何狀況，應該要先跟自己對話，真實地去了解自己內在發出的訊息，忽略那個部分，就會過得很倉促、很表面。

※ 彌勒菩薩又稱未來佛，授記在佛入滅的五十六億七千萬年後覺悟，在龍華樹下成佛。

至於佛像到底是藏傳南傳還是漢傳，已非探索的重點，對菩薩寺來說，呈現佛教的藝術之美，讓所有人從感動中去體會佛法，才是真正的目的。

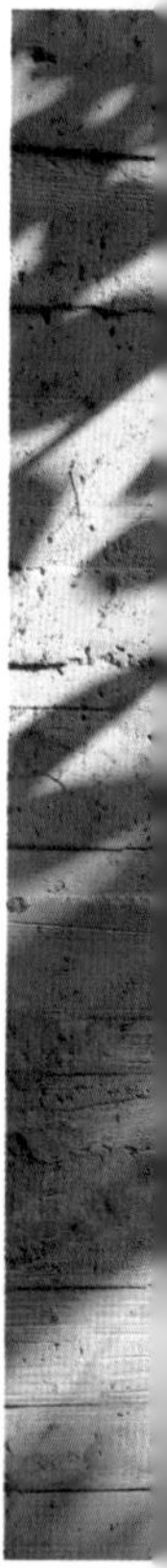

是完整不是完美

走進室內，有一個迴旋的空間，由兩個半圓環繞，變成一個圓。

這個空間是讓你再一次思惟，因為再來就要進入自己的功課了。你走進來，經過轉換步道（橋），看到菩薩寺用藝術來弘法的部分。

仔細看慧光法師設計的菩薩寺logo，乍看是一般的蓮花，但有朋友說法師你的蓮花長得很不符合結構，因為一般的梗是朝下長的。然而這正是法師的本意。兩個對稱的菩提葉，一邊代表空一邊代表有，一個空邊一個有邊；至於梗為什麼不是向下，因為菩薩寺學習的是智慧法門，也就是要把文殊菩薩的精神帶出來——持梗當慧劍，以蓮花的梗譬喻成一把智慧的劍。為什麼是劍不是刀？劍是兩邊皆利，不只是對治別人的煩惱，同時也是砍自己的煩惱。

智慧和慈悲，是菩薩兩個學習的內涵，同時圓滿兩件事才能叫做菩薩。底部的蓮則代表慈悲，「坐蓮展慈顏」，端坐的蓮宛如慈悲容顏的開展。用這個logo展現「空」「有」，不執著有，也不落入空寂，同時的關照，這才是生命的實相。

生命追求的是完整，而不是完美。

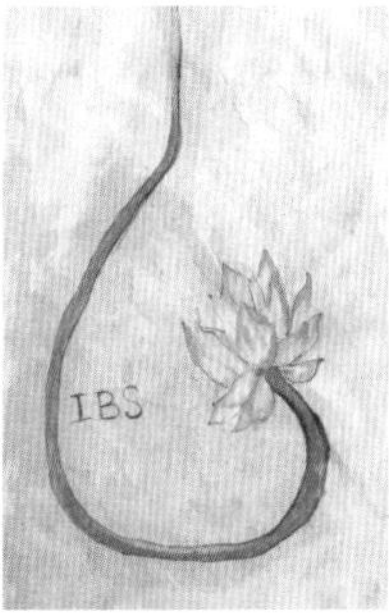

小沙彌畫

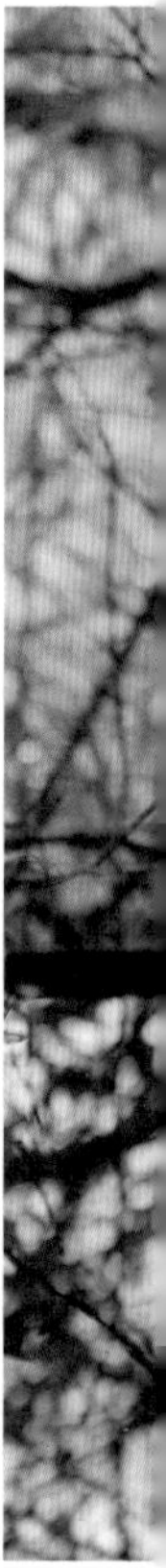

豐富自己・分享自己

佛、菩薩，都來自梵文，佛(buddha)是指覺悟的人。佛有三個內涵：第一，他是完全覺悟的人；第二，他想幫助每一個人達到覺悟的境界，因為他知道這條路可以讓人得到解脫；第三，覺行圓滿，自覺覺他都得到圓滿，就是佛。

菩提薩埵（bodhisattva），簡稱為菩薩，菩提（bodhi）是覺悟的意思，薩埵（sattva）是有情，指有心意識的眾生。菩薩是一個想要覺悟的人，佛是已經覺悟的人；菩薩是學生，佛是老師，學生就依著老師的道路在前行。菩薩的第二件事也是想要幫助每一個人覺悟，如果這兩件事（自己覺悟、也幫助別人覺悟）都圓滿了，他就成為佛。

世間每個人的存在都是菩薩，如果我們可以從這個人身上學到什麼，他的存在就是一種示現，只是我們找不找得到啟發自己的因緣，或是我們夠不夠謙虛。可是往往我們把佛和菩薩神格化了，因此不敢承認自己是菩薩，那等於否定每個人的德行。比如說觀世音菩薩，他的慈悲像水一樣，只要有人需要他，就像水往低處流，他就會來到你的前面，所以說觀世音菩薩是尋聲救苦，只要有人稱念他的名號，他就感應到了。那你說菩薩在哪裡，菩薩就是我們每一個人。

如果用現代人的說法形容菩薩，他主要做的是兩件事——豐富自己、分享自己。而且他的豐富是從利他開始，是為了要分享而豐富自己，如果自己不豐富的的話，是沒辦法分享的。如果覺悟是一朵花，菩薩就是想要開那一朵花的人，不只如此，他還想讓每個人也都能開自己的花。

那麼菩薩有什麼性格呢？菩薩的本質是熱情的，並且不怕苦、具有冒險犯難的精神，他種種的學習，都是為了讓自己可以更豐富，因為有生命的經歷、有「通過」的經驗，才能回過頭來陪伴你。他也可以發願到地獄去，如果沒去過地獄，沒辦法陪伴地獄的人。可以說菩薩就是一個自找苦吃的人。所以慧光法師取名菩薩寺，其實是一種很勇敢的宣示——「我就是要做這件事，我希望走進來的人，也都可以做這兩件事，豐富自己跟分享自己。」

因為要陪伴眾生、度眾生，菩薩不會只有一種面

向。有些菩薩是現憤怒相的，那也是一種慈悲，有些人需要你用這種方式對待他。並不是什麼都好才是慈悲，「應以何身得度者，即現何身而為說法」，真正的慈悲是他現在需要什麼而給他什麼，因病予藥，不是你單方面地想要給他什麼，然後說這是我對你的慈悲，可是實際上幫不了他。就像經典裡說的，有人問地獄裡的鬼王，為什麼你一點慈悲心都沒有，鬼王說因為他知道地獄很苦，為了要讓別人也知道，必須要讓他受盡這樣的苦，讓他不敢再來，可是人還是會忘記，再來，然後再受苦。他的慈悲是要讓人記得這個苦，不用再來。

慈悲沒有一定的樣子，是我們自己框限了它的定義。

至於菩薩寺，修的是文殊法門，文殊菩薩是表徵智慧的修持。佛門裡面講過去現在未來有無量無邊的佛，像恆河的沙這麼多，而文殊菩薩發了一個宏大的願，那就是過去、現在、未來數不清的佛，最初學習的因緣都是由他啟發的。換句話說，如果文殊菩薩跟你講話，一定會講利益你的話，讓你生起信心的話，然後你未來一定會成佛。他發的願就是這樣。

菩薩的修行有十地（十個位階），從初地、二地一直到十地才會圓滿，才會成佛。可是菩薩在第八地的時候會遇到一個陷阱，他會發現這世間一切都是幻有的，然而他已經發了很大的願，他要陪伴一切眾生，所以當他發現世間一切都是虛幻的，他會有困惑，那我做這些所為何來？這時佛就過來跟他摸頭說，這是你過去所發的願，你就是要陪伴眾生，因為有的眾生還是認為他是實有的，所以你要陪他走過。

文殊菩薩的坐騎是獅子，我們的煩惱如獅子一般猛烈要靠智慧坐在上面。慧光法師說，當你了解煩惱的本質也是虛妄的，轉念了，它的結構鬆動，它就垮了。怎麼讓它的結構鬆動？用智慧。智慧就是意識到這世間

一切都是如幻的，你現在的心情也是如幻的，如幻不是不存在，如幻的意思是不真實。當你遇到一個煩惱的時候，你就自問，這是真實的嗎？如果你願意用這個角度練習看世間所有，你會慢慢找到答案，你很快就會離開那個讓你生起種種不快的現場。然後當情緒過去的時候，你可以回應問題，但已經不是用煩惱在回應，而是用智慧回應。

法師說，正見就像眼睛，幫助你在做判斷的時候，不會因為錯判而造成苦的因。整個佛教的內涵也是這樣，要靠正見來引導你走每一步，而不是靠誰拉著你。

菩薩都是發願來陪伴你的，但是你的生命還是要靠自己解脫，他們只是陪伴者而已，就像我們現在陪伴誰，可是不會代替那個人成為佛。

簡單來說，你要讓自己透過正見，把框限起來的邊際一直往外推。邊際不可能立刻消除，因為那是我們的「我執」，一種根深蒂固的執著，但是你可以試著往外推——允許一個空間產生，再推，再允許一個空間產生……直到有一天，完全沒有邊際了，你就等於虛空，不會再有很多的分別，沒有對立面，沒有親疏之分，沒有苦的來源。

菩薩寺有很多隔柵，白天的時候陽光進來，坐在這裡能感受時間的變化。晚上的時候，當外面一片漆黑，室內的光透出去，就好像是菩薩的分享。它也是一個寶盒的概念，每個人的身心都是一個寶盒，但你要有自己的深化，才能夠分享。所以白天在這裡自我修煉，到了晚上，當眾生的煩惱像黑夜一樣降臨的時候，菩薩就把他的光分享出去，安慰眾生。

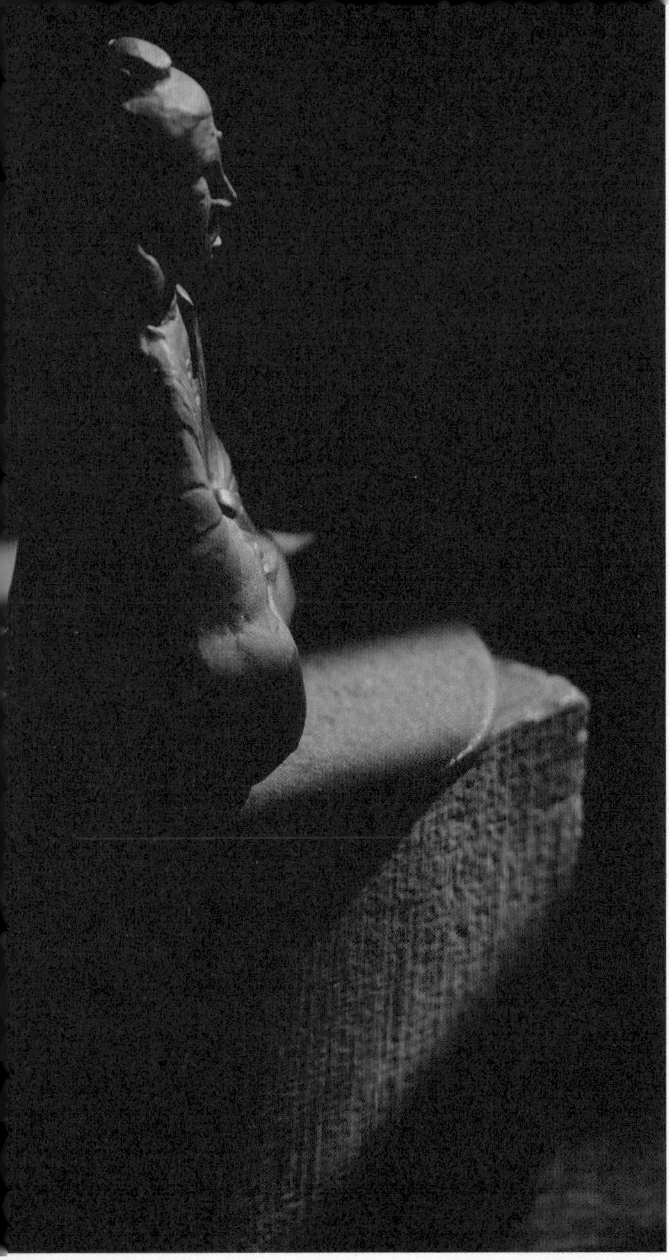

找自己的答案

當你展開和自己內在的對話，或許你會開始想能以誰為典範。

菩薩的老師就是佛，佛的空間就在大殿，大雄寶殿，大雄的意思是降伏自己，降伏煩惱。大雄是佛的德號之一，大雄、大力、大慈悲都是佛的內在精神，住著佛的地方就叫做大雄寶殿。但是菩薩寺的大雄寶殿不叫大雄寶殿，叫普光明殿，普光明殿是佛成佛之後，第一次說法的地方。在佛門裡面很常聽到「普」，普門大開，意思是沒有抉擇對象，廣納一切。

佛也稱為古仙人，佛道就叫做古仙人道。依循古仙人道，意思是說曾有人以這樣的方式前進，找到了生命的答案，所以我也想照他這樣子去做。不是相信他，而是用他分享出來的生命經驗拿自己來淬煉。佛說我講的話你不要信，你應該把它當成剛挖出來的礦，用烈火去鍛鍊，一直到最後去蕪存菁，看到黃金的本色，才能說那是真的金子。這是佛教徒在學習佛法時很重要的觀念，不能只是盲信，你必須用生命去印證。

「自依止，法依止，莫異依止」，生命這條路只有靠自己，然後你前導的方向就是依著法，除了這個沒有別的可以依靠，你只有靠自己去找自己的答案。這三句話也是菩薩寺主要的精神。

我們每個人都是要獨自面對自己過一生的。「隨處作主，立處皆真」，當自己的主人，在真理的前面看到自己，成為你的真實。

覺醒

二樓的鐘樓是一個接引的手勢，告訴你：來，不用害怕。因為你開始面對跟過去完全不一樣的學習內容，是陌生的風景，你要修心這件事，會挑戰你的極限，摧毀你過去所建立起來的一切。所以鐘代表決心，一種自我覺醒的宣示，從此踏上通往內在的旅程，請你們為我作證。

鐘是智慧，鼓是精進。晨鐘暮鼓，在佛教道場裡，清晨時先叩鐘後擊鼓，晚上則先擊鼓後叩鐘，叩鐘跟擊鼓時都要發願，「願此鐘聲超法界，鐵圍幽闇悉皆聞；聞塵清淨證圓通，一切眾生成正覺。」希望周圍所有聽到鐘聲的生命都能得到加持，連地獄的門也可以震破，讓眾生得到清涼(光明)。

所以從十五年前開始，菩薩寺每一年除夕都會邀請民眾一起來叩辭歲平安鐘，已成一項傳統。一百零八下，祈求眾生平安，世界和平。

這也是給我們的提醒，我們要下定決心，成為一個覺悟的人。不僅自己覺醒，也要幫助別人覺醒。

「聞鐘聲，煩惱輕，智慧長，菩提生。離地獄，出火坑，願成佛，度眾生。」不論多遙遠，祝願所有聽到鐘聲的生命，未來都能成佛。

安心

我們來到這個世間，是心帶我們來的。在生活裡面，我們一切所擁有的，也是心所成就的。心是每個人最珍貴的寶。

佛手上的摩尼寶珠，就是那顆清淨的心，它能成就一切的心願，所以叫如意珠。我們要把這顆如意珠擦亮，不要讓它有塵埃，這是我們生命的功課。苦苦惱惱也是一生，為什麼要苦惱呢？執著也是不可得，為什麼要執著呢？心要安住，唯有心清淨自在，那才是無限量的。

人為什麼放不下？因為心沒有力量。平常要練習將心安住，面對苦難的時候，才有力量超越。

煩惱來了，先覺察，它會誘惑你（讓你起瞋恨心），魔是很會說理的，他會告訴你你是對的，別人是錯的，你要堅持，怎麼可以認輸。然後我們就傻傻地說對，就把內心那顆摩尼寶珠送給了他。

自己的心自己做不了主，就會被煩惱帶著走。

所以每次看到煩惱來了，跟它打個招呼，「你來了。」然後如木人看花，煩惱在你面前如何刺激引誘，你就是不反應。僅僅是覺察，原來還有這種想法、這種思惟、這種覺受，你會越看越清楚，原來內心世界是如此。看懂了，就知道《金剛經》這段話的真義：「一切有為法，如夢幻泡影，如露亦如電，應作如是觀。」

你真正看懂了，那個念頭就好像夢境一樣。所以你現在選擇跟境界互動，不是因為煩惱，是因為你懂了，知道如何應對，如何讓自己不苦惱。每一次面對考驗的時候，心定，不立刻反應。

學佛是在生活裡面修的，不是信仰得來的。法是生活，因為你每個當下都要面對境界，每個當下都在抉擇，你怎麼看這件事、怎麼抉擇這些事，然後造成自己的快樂、造成別人的快樂，這就是佛法。

結語

為生命的自在快樂做出努力

慧光法師

佛教在教導的，簡單來說，就是回到心靈的探索跟認識。我們的生命從心開始，本來是很簡單的，但是因為跟境界互動的關係，離本心越來越遠，找不回自己，所以產生各種念頭和煩惱，得不到真正的快樂。學習佛法就是慢慢地找回本心，這是一個生命的旅程。

生命有一些煩惱來磨我們，其實未必不好，那都是成長的機會，平時沒有鍛鍊心的強大，面臨問題時，就無法做出智慧的判斷。生活是在每一個當下，面對每個問題時，你怎麼去處理、怎麼去超越，這才是真正修行的所在，想要舒適、不想要改變，那是心的老化和弱化。如果我們總是被動地等到苦來了才要去解決，那其實心還沒準備好，就算你知道應該怎麼辦，你也做不到，因為心沒有能量。作為一個學習佛法的人，我們的生命應該隨時都準備好去面對新的挑戰、新的境界，那也是為什麼從佛教的世界來看，沒有一尊佛是老的，因為佛代表心，是一種

精神象徵，是清淨莊嚴、很有精神力、很有能量的一種狀態。

活在世間，不可能不跟境界互動，事實上生存也必須要有這些東西，你必須透過那些境界來磨練自己，但是不應該把心全部放在那裡，因為你的生命不止於此。一個人，以經營事業來說，你賺很多錢、跟人的互動很好、能成為領導者，這是物質層次；你處理事情的能力、你的智慧，面對各種大的境界的時候你有沒有忍耐力、承擔力，這些是精神層次，往往我們都是從物質層次去衡量一個人的成就，而不是從精神層次去看他。佛法講，物質層次是來來去去的，精神的財富才是你真正擁有，一旦你擁有了，你不會失去，別人也搶不走，這才是你真正要用功培養、去成就的東西。

有些人對佛教有誤解，以為是跟世間、社會有隔閡、不相干的東西，例如放下、看破紅塵，好像是很消極的生命態度，那其實是對佛教的誤解。佛教來自一個不同的文化，他所提倡的例如出家、修道，對於華人文化來說是很難理解的事，為什麼不是以家為根本？為什麼要出家？其實佛法講的是我們應該對生命的圓滿和快樂做出努力，每個人都應該要去尋找、成就這件事，只是我們對生命的了解到底有多少、真正的快樂在哪裡、用什麼方法或途徑去獲得……重點是在這裡。華人文化比較重視現實，例如家庭或事業，而不談未來世，所以對於佛法講的輪迴、生命不是只有這一世、要做出更大的努力去突破、去超越很多的侷限等等，不容易理解。對於想要超越侷限的人來說，並不是因為絕望、失志，或是感情、事業出了問題，而選擇逃避，相反地，他有一種理想在那裡，對生命有一種熱情，想要去改善、改變、提升，他才去出家。

佛教徒不談命中註定，修道就是要改變命運，如果還順著命運走，那就是沒有修行。修道就是要解脫，就是在改變宿命。所以修道人應該秉持一種積極向善、充滿希望的生命態度。

人生就像旅途，你只是一個旅行者，你的功課就是去學習、去經驗，然後在你的經驗過程裡頭同時帶動身邊的人得到學習、得到進步、得到快樂，這是生命的基本價值，也是基本目標。

附記一：尼泊爾菩薩沙彌學院

一個孩子就是世間的一個光明

尼泊爾，喜馬拉雅山下的雪山國度，世界十大高峰之中，有八座在她的境內。然而，生活在這個美麗國度的人們，每四人就有一人生活在貧窮線底下，更有許多人在貧窮線邊緣掙扎，賣掉一個小女孩只要二十五美金。雖然尼泊爾政府在國際援助下提供小學教育，然而仍有高達百分之四十的孩童無法就學。

二〇一四年五月，慧光法師遠赴尼泊爾開辦菩薩沙彌學院，招收第一期十名小沙彌。很多人問，為什麼選擇遙遠的尼泊爾，法師回答，「愛從來不分遠近啊。」早年行腳印度、尼泊爾的佛教聖地，見到許多偏遠村莊的孩子三餐不繼，向路人行乞，當時他就暗自發願，有朝一日一定要設法幫助這些孩子。另一個因緣，因為佛陀的出生地藍毗尼就在尼泊爾境內，然而現今的尼泊爾，信奉佛教的人口不到百分之五。這也更加堅定了法師的決心——在這裡栽培弘法人才，讓佛陀教法重回它的發源地。

曾經在這個國度繁盛的佛法和梵鐘再度悠揚地響起。五點起床、九點就寢，小沙彌每天除了暮鼓晨鐘、行禮如儀地做著佛門功課、研習佛法，也要學習一般學校課程，比如社會學科、自然學科、繪畫、電腦、攝影、體育、工藝，甚至有茶席與咖啡禪、頌鉢、金剛舞等文化體驗課程。語文方面小沙彌要學習中、英文、梵文和尼泊爾文。

清澈透亮的眼神，除了反映生命的光采，看不見一點雜質，難以想像這群孩子曾經對未來沒有任何期待。來自偏遠山區的小沙彌多半家境貧困，有些是孤兒或單親，沒有接受過教育，初來乍到完全不懂得打理自己的生活，連馬桶都不會使用。然而經過一段時間之後，孩子們個個脫胎換骨，每天盥洗、會洗自己的衣服，能拿起針線縫補，也會種菜、打掃和典座。為了教導孩子們學習供養大眾，慧光法師經常研究各種食品的製作方法，依樣畫葫蘆教給孩子們。時日一久，小沙彌們十八般武藝俱全，會磨豆漿、做豆腐、包壽司、做泡菜，甚至會曬蘿蔔乾。

慧光法師對小沙彌的未來抱持著開放的信心；孩子們成年後可以出家為僧，弘揚佛法，也可以選擇進入社會。「無論他們如何抉擇，沙彌學院的教育肯定可以讓他們擺脫貧窮，以寬厚仁慈悲的心，走向安適自在的人生。」

沙彌學院走過篳路藍縷的草創期，如今有二十位小沙彌，狹窄的校舍早已不敷使用，目前每月高達兩千兩百美金的租金更是叫人吃不消。一般人很難想像，二〇一五年國民所得只有七百三十美金的尼泊爾，房地產竟然成為富人累積個人財富的炒作標的。

慧光法師曾經發願，希望沙彌學院能同時照顧

兩百名學生——一百名沙彌，一百名沙彌尼。為了達成這個目標，二〇一七年春天總算在加德滿都北邊山區找到一處大約兩千七百坪的山坡地，這塊地位於加德滿都的Budhanilkantha地區，距離機場約半小時車程，基地緊鄰生態豐富、林木蓊鬱的國家公園，最棒的是，這裡擁有豐富的水資源，解決了在尼泊爾最麻煩的用水問題。

只是，這塊地要價四千兩百萬台幣，非菩薩寺能力所能負荷，需要眾人齊力促成。「袈裟福田地」專案因應而生，法師將購地基金劃分為兩千一百個單

位，命名為袈裟福田地，每單位兩萬元，希望能找到兩千一百位有緣人，在佛陀出生地共植福田。

今天我們在菩薩寺牆上看到許多充滿生命力的畫作，生姿盎然的筆觸彷彿出自名家，仔細看上面的落款才發現，全是小沙彌的作品。每一個沙彌，都是一片生命風景。

二〇一六年春天，水墨畫家陳正隆接受慧光法師請託，揹著幾十公斤向各方化緣的畫具到尼泊爾，教小沙彌習畫。聽古琴，從磨墨開始，半小時的靜

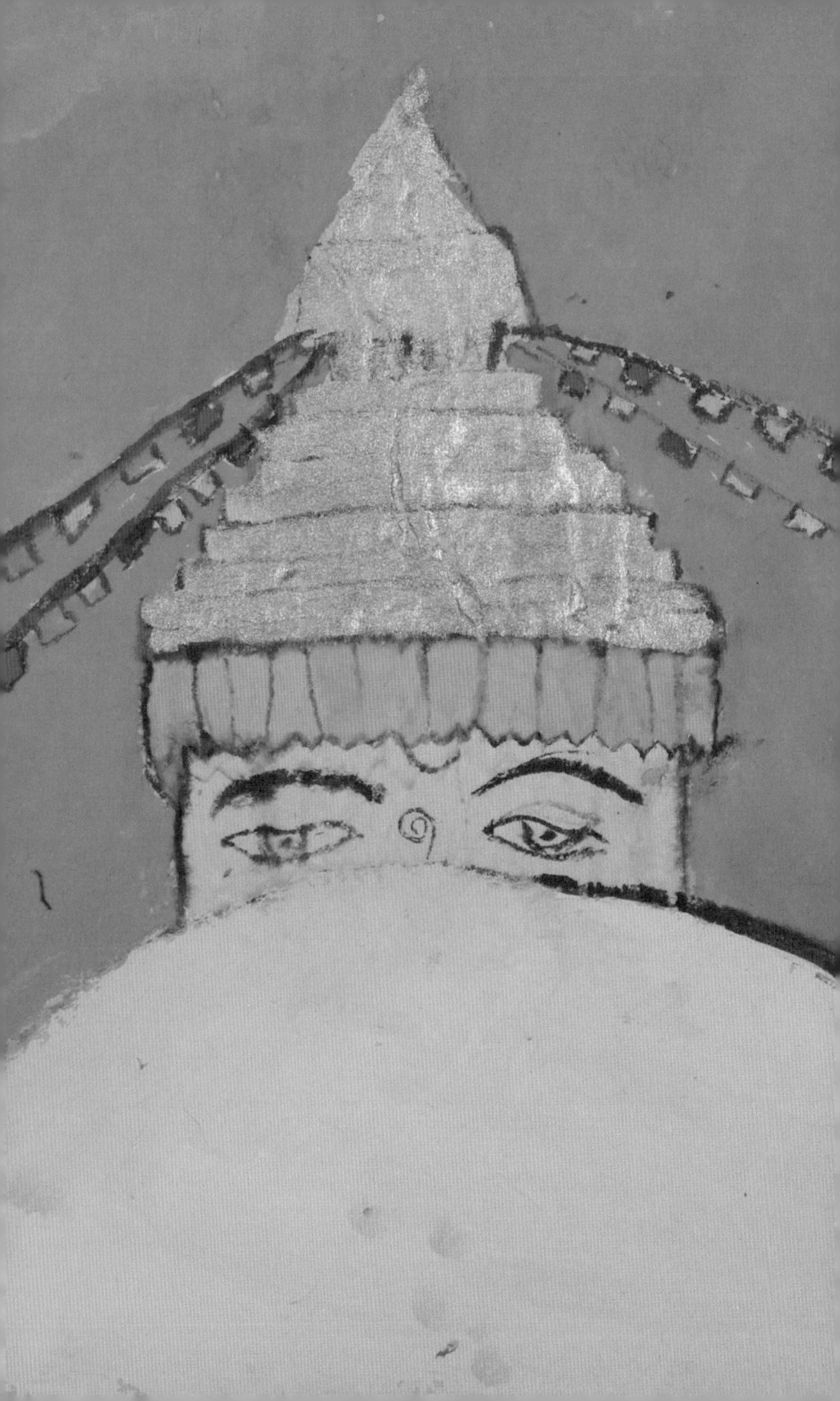

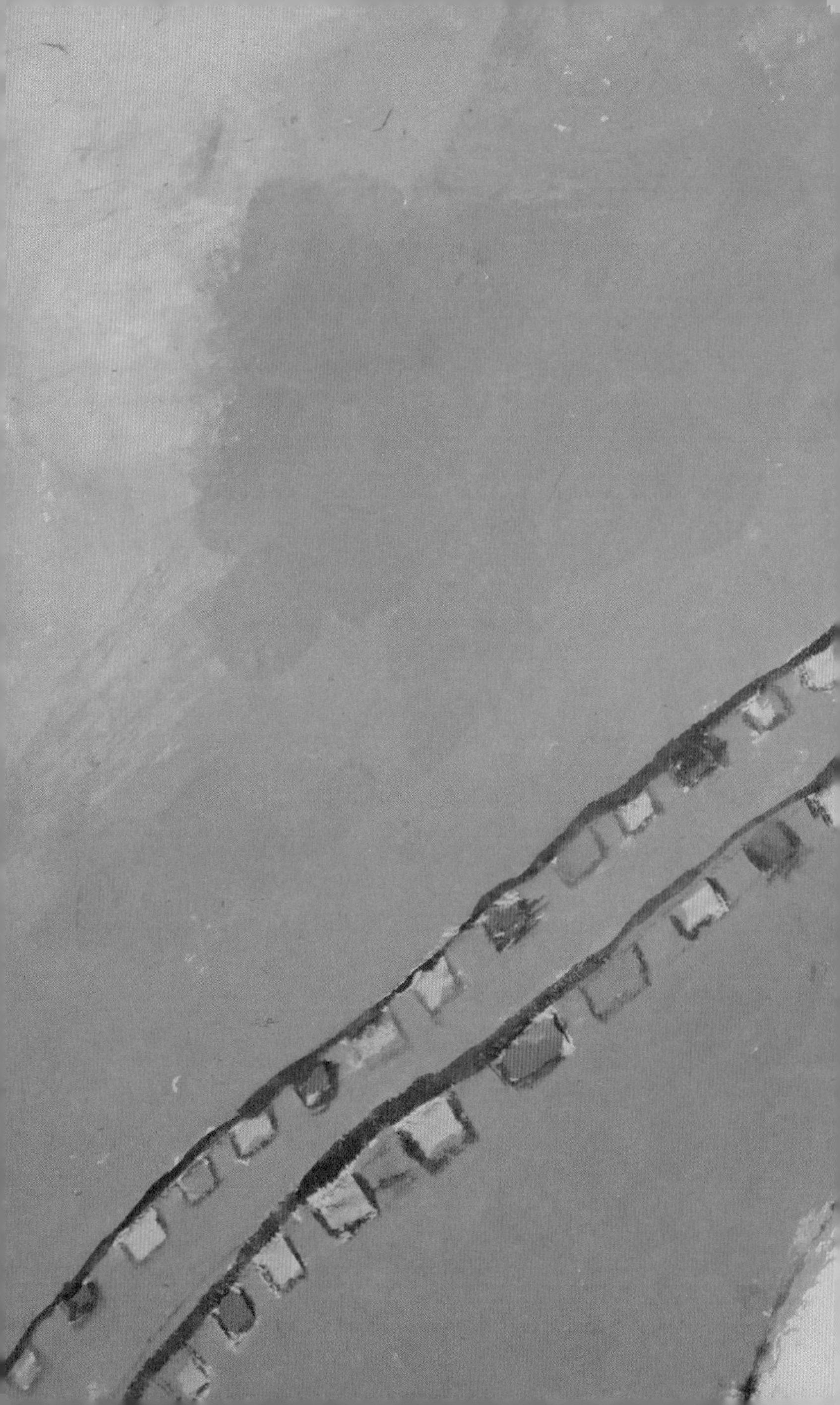

心，然後開始畫一條會呼吸的線。正隆老師的水墨創作講求照見本心，「唯心夠安靜與安定，才能看見本心之所在。打開心門畫出內心最直接的感受，才是真正的創作，否則只是勞作而已。」

而這群未受過美術教育、沒有既定框架的孩子，心性非常單純，表達的方式很直接，不論線條、色彩、形狀，每個人都不一樣。「直接映照的，正是自己內心世界那個初心。」小沙彌的作品，令陳正隆驚豔，也深深震懾每位來到菩薩寺的參訪者。他們原是山裡的孩子，日日與大自然為伍，適當的引導和鼓勵，就能讓他們將心中的天地日月躍然紙上，那是生命所發出的光。

教育落實在這條遙遠的路途上，成為對每個人毅力、耐力和勞力的考驗。每一回前往尼泊爾，都是一場行李打包的惡夢，有太多物品需要補給，太多匱乏需要填滿，太多關懷需要收納……。某一次在慧光法師超重的行李中，竟然全是媽媽樂洗衣板！

這些來自尼泊爾山村的小沙彌，在過去貧困的生活中很難有整潔的培養，為了教導小沙彌珍敬十方大德的供養，慧光法師嚴格要求他們關於衣物的洗滌和照料，在菩薩沙彌學院，每一個沙彌都會擁有一個專屬的洗衣板。看著小沙彌用力地在洗衣板上一寸寸刷洗著自己的短褂，白雲一朵朵地越過天空，這種尋常的生活風景，就是一切辛勞最堅實的回饋。

春天到了，沙彌學院來了許多偏遠山區的家長。慧光法師開始進行第二期小沙彌的招生面試，問一個滿臉風霜的父親，為什麼捨得送孩子出家，需要花三天的路程才能抵達加德滿都的他紅著眼眶說，他想讓孩子有更好的未來……

SHALIMAR

小沙彌大聲唱著〈西風的話〉歡迎新同學，原來的十個小沙彌一下升格為學長，熱情地帶著自己的直屬學弟參與著學院的各項課程和作息，過堂、作課、盥洗、內務，小沙彌一樣樣熟練的示範著……原來只需兩年的栽培就可以如此成就一個生命。

法師說，佛門廣大，每個來到眼前的因緣都不能放棄。一個孩子，就是世間的一個光明。

為了籌募沙彌學院的建校教育基金，法師曾帶著沙彌學院的師生們在雨季中一路踩著泥濘上山，探訪種植在海拔一千四百五十公尺以上的有機咖啡，期望它能成為另一個為尼泊爾的因緣澆灌生命的路徑。後來慧光法師為這支豆子取名Siddhi Coffee，梵語為一切成就(如意)之意。

因為不排拒任何因緣，慧光法師選擇了一條難走的路。他會在訪談中說道，「幸福是一種內心的感受、價值的肯定，你覺得這件事對你的生命有很大的意義，甚至是你成長的一部分，就會感受到幸福。享樂則不同，享樂是感官的，只有一瞬間而已，不會留下任何東西。幸福就像佛教所說的法喜，你會感受到生命的深度。當你有法喜，你就會認為那是一件很有價值的事。」

尼泊爾雪峰皚皚，藍天清朗。小沙彌跟著師父，逐步打開知識和眼界之窗，仰望群山和繁星的同時，也學習了如何以自己的力量在土地上穩穩站立。這條因緣線牽起的不只是接濟，而是生命昂然的姿態。

有法喜的人看到的不是辛苦，是希望。

初心的所在

附記二：半畝塘的設計思惟

「這到底是咖啡館還是餐廳？」「為什麼佛寺長得像美術館？」在城市中彷彿一處特殊存在的菩薩寺，成立之初引發了許多疑問。一間佛寺既跳脫所有人對宗教建築的印象，又挑戰世間對佛教的認知，需要非常強大的勇氣和決心。然而，理解慧光法師和半畝塘建築師江文淵的思考過程之後，你會同意，這就是一間探討佛教本質的建築，該長出的樣子。

佛放棄王子的身份，離開了皇宮，成為一個分享和說法的人，最後覺悟成佛。如果理解佛的本意，他從沒有要大家把他當作神，供奉在宮殿式的場所裡，那是他頓悟前離開的地方，華美的裝飾和外在的尊榮，是他生命旅程的第一步就捨棄的事物。現今沿襲自古代宮殿的佛教廟宇型式，或許出自信徒的善意和尊敬，但若探究佛的初心，那未必是最契合佛教精神的呈現。

「佛最早的講堂是在樹下。他在樹下悟道，得到感動，想要把那份感動分享給身邊的人，就這樣開始

了佛教的緣起。那麼菩薩寺有沒有可能是這樣子？很多的樹、很多的角落、很多不經意的分享，環境的分享就是老師，跟它互動的就是學生，這個分享是活的。」江文淵說。

因此菩薩寺著重自然，自然比較像是從「空」出發，「有」再慢慢長出來。「空」指的是價值、初心、佛法，先去理解這個「空」，再用有形去碰觸無形。所以建築物反倒是其次，風怎麼吹、光怎麼走、樹要種在哪裡……才是設計的重點。

江文淵說，佛教是無神論，佛不是神，是覺醒的凡夫；我們就是凡夫，尚未覺醒的佛。每個人心中都有佛性，當我們偶爾靈光一閃的時候，就是佛性覺醒的片刻。因此，能不能創造一個環境，讓每個人透過跟環境的互動、啟發，而使得心中那個覺性回來的機率更高？這就是菩薩寺設計的起點。

「當我們在塵世，行色匆匆，有很多雜念，一個念頭接著一個念頭，頭腦裡產生靈光一閃的縫隙很小，覺性的光出不來。但當你進來菩薩寺，有很多讓你產生驚訝、感動的地方，念頭停住了，那個縫隙就

出現了，心裡面的光就出來了。讓念頭之間的空隙多一點，光跑出來，這就是覺醒的鍛鍊。」

「環境和空間的影響非常大，老師教你的時間只有幾小時，環境教育卻是全天候。」

因此，作為一間小小的佛寺，菩薩寺的綠覆蓋率超過百分之百。江文淵說，「當我們跟大自然有了緊密的連結，覺性很快就會回來了。走到水邊，你整個人會變得很清新，清新會過濾雜念。」另一方面，樹木也可以降低熱島效應※。根據聯合國的研究，綠覆蓋率要超過百分之七十，熱島效應才會消失，台灣都市的綠覆蓋率卻不到百分之二十。「我們希望留很多地出來種樹。改善空氣品質唯一就是種樹而已，沒有別的方式。我們要站出來把樹種回來。」

因為綠覆蓋率高，再加上半開放的動線設計，雖然菩薩寺的基地只有一百零八坪，走進來卻可以逛很久，並且夏天時裡頭的溫度得到調節，「清涼」既是心理上的安定，也是身體上實際的感受。

菩薩寺籌建的時候，經費很有限，然而一開始，慧光法師就想用環境說法，這個理念從未曾改變。菩薩寺是以五百年的思惟作為建寺的基礎，期望為未來留下一個精神的祖庭，以此前提回應當下的決策，因此經費的多寡、外界的看法，都不會動搖決心。

「這棟建築對我、對半畝塘團隊都有巨大的啟發，我們的新人教育訓練一定要帶他來這裡。現在可能我們的能力可以做更多、用更好的材料、更好的

※　市內道路和房屋經過一整天的曝曬後所散發的熱氣，會使城市變得更加炎熱，這種現象稱為「都市熱島效應」。

工法，但還能這麼回到本質嗎？菩薩寺是初心的所在，也是半畝塘的聖殿。」

既然用環境說法，就必須了解慧光法師對佛法的演繹。江文淵跟著法師學習佛法，邊學習大智度論邊討論菩薩寺的藍圖，花了兩年多的時間。「師父才是菩薩寺的創意總監，我是他的學生。」江文淵說，「初來乍到的時候可能不容易意會，以為菩薩寺跟佛教的語彙連結度很低，但如果你去理解佛經的教導，走進去後會深深感動。那份覺性來自於人跟環境觸動後的覺醒。」

古時候有「半井」的說法，井一半在圍牆外面，一半在圍牆裡面，這是對路人的尊敬。以前的人趕路，可能好一段時間都沒水喝，但他隨手就可以在這裡取水。甚至有些主人家會在門後奉一壺茶，那都是善意的分享。所以菩薩寺的水一半在外、一半在內，就是要把涼意帶進去，把善意分享出來。

自然、回應本質的結果，形成菩薩寺很多半戶外的動線，一般會加蓋頂棚，以免淋雨。但如果蓋很多棚子，那又遠離了初心。最後法師說，為什麼不能淋雨呢，濺濕了一點衣角也無妨。「不要只想機能，不要只想頭腦想要的方便，很多很多的方便，我們的生命就枯竭了。」

「有一種拜佛的方式叫做『朝山』，」江文淵說，「朝山就是尋道的路。朝一座生命的聖山，那個山代表一個崇高的自己。在這個這麼小的佛寺，我們也希望有朝山的感覺，好像尋道的過程。從世間來，經過清涼的水，被邀請，然後轉折，繞彎，一路往上。走了好久又回望塵世，原來『佛法不離世間覺』。當你一念覺醒的時候，生命就有了轉折，這個路指向佛陀。當你回望世間，然後再回望我們要去的地方，啊，佛就在心裡面，就在你的眼前。心裡面有佛，誰都是佛。」

江文淵說，這可能是他們做過最困難的設計，但也是最引以為傲的作品。這都要感恩師父的勇氣。從一開始不被理解到慢慢被接受，慢慢廣受歡迎，慢慢成為有可能是全台灣國際人士最頻繁來的地方。二〇〇七年「國際入世佛教協會」幾十位宗教領袖來台灣舉行年會特別拜訪了菩薩寺，甚至停留了一整天。觸動他們的原因並不是因為雄偉，菩薩寺堪稱全台灣最小的佛寺，最小的廟門，可是它的精神意義貫穿了整個設計，回到了佛陀的時代，回到初衷。

「一個佛教的空間，精神才是真實的，形式只是當下的回應。」

質樸不彰顯，反而彰顯所有。

附記三：許志強的創作美學

做一件比生命還長的事

菩薩寺用整個空間來說法，並不是清談，而是裡裡外外的實作，以及一項決心。

當你在菩薩寺門外，坐在大石頭上，就會開始感受到一股靜定之氣。這股靜定能量，源頭自然是菩薩寺所代表的佛法精神，然而這精神除了經由半畝塘的建築設計具體呈現以外，還有一項重要元素——許

志強創作的佛像、書法和家具，無形中為空間注入了靈魂。

許志強在他的書裡說，創作不能有目的，只能等力量湧現，「不同的作品會有不同的力量，每件作品該做一件就是一件，該做兩件就是兩件。」如果因為很多人喜歡就一直做，那股內在的力量就會消失。

他要寫書法之前，好幾天不能做木工，因為力量會沒辦法傳遞到手上。

許志強和畫家妻子林瓊瑛都是東海大學美術系的畢業生，曾師從蔣勳老師。蔣勳老師在為許志強所寫的序文當中提到，在那個人人迫不及待以最前衛的藝術理論為自己辨白的年輕藝術環境中，許志強和林瓊瑛一直是喧嘩當中最安靜的兩人。林瓊瑛一如既往地畫她素淨靈動的花卉，許志強先是練拳、研究太極氣脈，而後練書法；似乎在一眾往外尋找認可的浮躁中，他們最先看到的是自己的內心。然後，大三那年他開始對傳統木器產生興趣，出生於鹿港的他，對於家鄉許多老家具的廢棄感到很可惜，一一撿拾回家修復，在過程當中自學習得了傳統木器製作的技術。

大四那年，他的畢業製作是在十六塊鹿港老磚上鏤刻一尊尊的佛像，四邊鑲崁台灣老檜木接榫的框。同輩們無不朝時興的品味靠近，他卻往傳統古樸的技藝鑽研。畢業後，他和妻子回返鹿港老家，親手建造了自己的工作室，為他看到的微光，一點一滴地開拓一條眾人也能理解欣賞的路徑。

二〇一五年，他在為一檔展覽所出版的書裡，對東西方藝術做了明確的詮釋。他說，「藝術家是西方的辭彙，當你翻開東方的歷史書籍，沒有一個人叫『藝術家』。」以前的文人，琴棋書畫既是喜好，也是修行和生活。在東方，「藝術和生活是融為一體的。」

他以音樂為例，「在廟埕上，這邊唱南管，那邊演歌仔戲，即使不同調卻不覺得衝突，這是東方生活裡常有的場景，每個人都可以在其中選擇聆聽他心領神會的聲音。……對南管有興趣的人，就會在這些吵雜聲裡面聽到南管；對下象棋有興趣的人，就會在其中聽到將軍抽車的嘶殺聲。在每個人的世界裡，其他聲音都不見了，只聽到自已專注的，這就是東方美學。」

因此，東方的藝術品並不會去強調它是藝術，而是一種生活態度的體現。他以自身實踐，「用藝術的態度去創作作品」。懂的人並不會讓這件家具因此變得更有價值，但會「用有價值的態度去面對它」。

這種領悟放在他的作品裡，造就了一種既是藝術也是家具、難以現代眼光定義的意境。你可以在許志強的作品中體會到一種細緻的美，然而在生活空間中它並不張揚；即便如此，你仍可以深刻感受到，環境中有這樣一件作品存在跟沒有的差別。那是作品和創作者的力量。

許志強說，「做一件到死亡那一刻都不後悔的事，這件事才是重要的。」創作及保存傳統技藝於他而言，是「一件比生命還長的事」。「應無所住，而生其心」，只要守住對的方向，每天都是累積。

這種朝內在積蓄的力量，終有一天和菩薩寺的因緣相遇。菩薩寺倡導佛教藝術，要把最好的材料用於廟宇，許志強的作品成為最適切的明證。

所以，當你走進菩薩寺，請好好感受那股靜定沉穩的能量。你會明白，所有的道路都通向內在。

只有這件事，是你一生最重要的追尋；也唯有心的壯大，能讓你回到塵世間時不再被煩惱動搖。它也是邀請你進來的菩薩寺，想讓你帶著走的最珍貴禮物。

許志強在書裡引述佛陀的話：「經，本是一艘筏，當我們到了彼岸，筏只需靠在岸邊就好。」

什麼是筏，什麼才是目的地，希望你在這趟旅程中都得到了自己的理解。

迷惑的時候，回想你心中的菩薩寺，回到許志強掛在菩薩寺牆上樸實有力的書法，那是他第一本著作的書名，也是他創作的本質——核心。

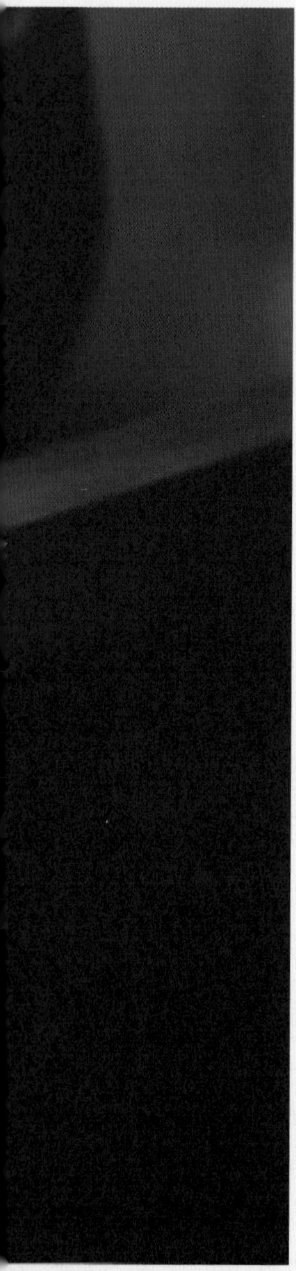

編輯筆記

內在的香格里拉

李惠貞

第一次跟隨朋友來到菩薩寺的時候，並沒有預期會是這麼沉靜美好的地方。然而當時在設計雜誌工作的我，單純被空間吸引，尚不了解建築背後的佛法，及其透過環境所傳達的深意。

第二次、第三次來訪，有機會跟葉本殊師姐深入交談，這才進一步理解菩薩寺的成立精神。於此同時，法師和師姐親切幽默的風采，讓人如沐春風，成為空間以外另一個吸引我想要常來的原因。菩薩寺是法師和師姐意志的延伸，它讓我這個沒有宗教信仰的外來者毫無隔閡地進入，只要用心體會，就能明白師姐所說的「回家」。直至此時，我才能說我讀懂了菩薩寺，並真心喜歡這個地方。

如今菩薩寺已受到許多人喜愛，也成為熱門的攝影和打卡景點，然而走馬看花的行程或是拍照打卡，並不能算是真的來過菩薩寺，因為你並沒有在心裡留下任何東西。好比一座寶庫在我們眼前，我們卻只顧在門前拍照，而沒有辨認出其中珍貴的資產。

珍貴並不是指裡頭有金碧輝煌的裝飾，如果是抱持著那樣的期待來到菩薩寺，你一定會失望，因為它可能是你所見過最樸實無華的佛寺，甚至，如前文所述，你還能在牆上看到許多「不完美」的地方。

「最重要的東西不是眼睛看得到的，你要用心看。」《小王子》告訴我們的真理，同樣是學習佛法的路徑。僅以外在表象來生活，我們會錯失許多更核心的事物。因為每個人的視見和閱歷都是有限的，用有

限的眼界去看待和判斷周遭，只會更狹隘，也失去了來到一個精神性的空間，有可能為自己帶來改變、更有意義地活著的機緣。

菩薩寺所闡述的佛法，對我來說非常有說服力。佛本來就沒有要世人把他當神來崇拜，他希望人人皆可成佛；他也說，不要信他的話，要自己去印證，找自己的答案。我雖然沒有宗教信仰，但這些年來讀的書，那些應用在自己生命經驗中、最有智慧也最經得起考驗的觀點，如今看來，無一不和佛法的本質相符。

很多時候，我們都習慣性地想找依靠、找一個祈願的對象，換個說法，我們希望有人能為我們的人生負責。然而這種想法只會讓我們更怯弱，更無法自主掌握自己的人生。因而佛說要去找自己的答案，並不是不慈悲，而是真正的慈悲，因為他知道唯有如此才能幫助每個人成佛，不僅自己活得有力量，也可以把力量帶給別人。

那麼當我們去寺廟時，拜的是什麼呢？如果佛不是神，我們該對他說什麼呢？我自己的理解，如果佛是一種示範，他是走在我們前面的人，我誠心的話語不是「希望」，而是「相信」；我的行動不是膜拜，而是跟隨。然後當我困惑的時候，能想起有佛在前面引導，我不會恐懼，並且在佛的慈顏和微笑中看見真正的自己。我想這才是菩薩寺之所以作為一個生命探索空間的本意，也是佛為我們展現的道途。

希望讀者們能藉由這本書更理解菩薩寺，以及法師、師姐和所有對菩薩寺貢獻心力的人士之用心，也能從每一次「回家」的過程中更認識自己。下回來到這裡，記得你是學習中的菩薩，前面有佛的引導，不再只是一個走馬看花的過客。除了放下手機和相機，用心體會這個空間要告訴你的事，也要將自己視為其中一份子，好好珍惜空間裡的任何角落和物品，讓其他人也能因為你的愛護和分享受惠。

師姐說過一句話，「香格里拉，意思是『心中的日月』。」如果香格里拉代表每個人心中的天堂，那麼這個天堂必然存在著千百種想像，只要是能讓你感到安心、自在的所在，讓你發展出最美好、最堅強版本的自己，就是你的天堂。

希望你能在這一路探索的過程中，望見自己心中的日月。困惑恐懼的時候，召喚它，就像你有一個香格里拉在內在，以佛法的精神活出自己。

⋯⋯

李惠貞——出版界資深工作者，《Shopping Design》前總編輯。現以自由工作者身份參與閱讀、設計相關品牌經營及企劃創意工作，新型態閱讀推廣活動「獨角獸計畫」創辦人。

朝一座生命的山

口述　慧光法師、葉本殊
文字、編輯　李惠貞
題字　邱秉恆
攝影　劉慶隆、吳偉民、賴奕成、張介宇
設計　霧室
發行人　葉惠貞
出版　維摩舍文教事業有限公司
地址　台中市大里區永隆路一五三號
電話　04-2407-9960
傳真　04-2407-2469
電郵　ibsvima03@gmail.com
官網　www.ibs.tw
Facebook　IBS 菩薩寺
印製　呈靖彩藝有限公司
初版一刷　二〇一八年二月
初版四刷　二〇二一年二月
定價　五〇〇元
ISBN　978-986-89768-3-2

國家圖書館出版品預行編目(CIP)資料

朝一座生命的山 / 慧光法師，葉本殊口述；
李惠貞文字整理．編輯．── 初版．──
臺中市：維摩舍文教，2018.02　面；公分
ISBN 978-986-89768-3-2 (平裝)
1. 佛教修持

225.87　107001178